DISCOURS

PRONONCÉ

PAR M. L'ABBÉ C. MONNIER

POUR LE MARIAGE

De M. Jules CULTY avec Mlle Joséphine BIZALION

DANS L'ÉGLISE DE SAINT-ÉTIENNE

Le 26 septembre 1865.

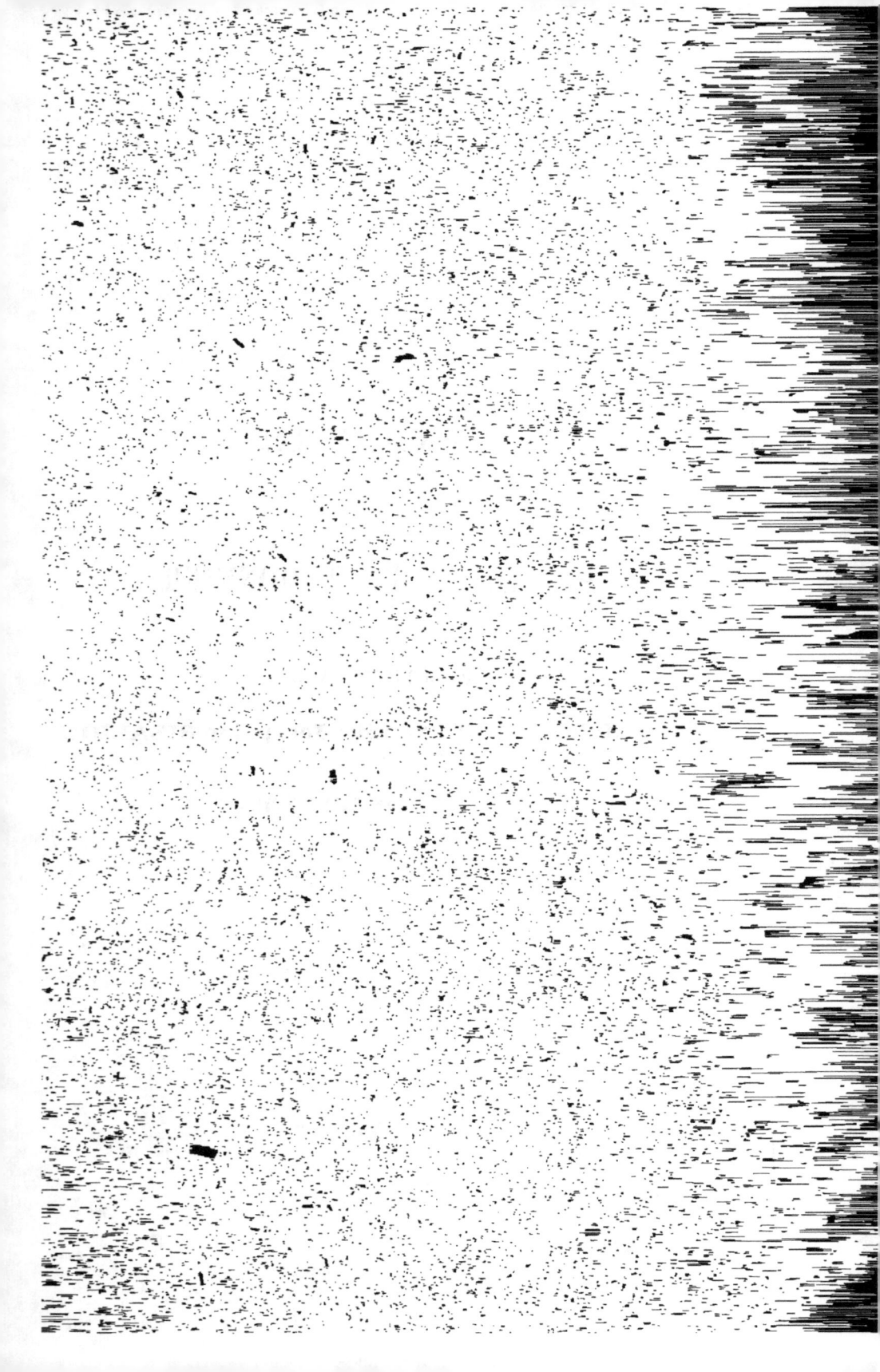

Monsieur,

Mademoiselle,

Le ministère que je vais accomplir auprès de vous me remplit d'une de ces joies douces et fortes que Dieu nous permet quelquefois de goûter dans l'exercice de nos fonctions. En me choisissant pour bénir votre union, vous me l'avez procurée, je vous en remercie. Et cette joie, la joie du prêtre en ce moment solennel, doit être exprimée. Peut-être ira-t-elle rasséréner plus d'un cœur, inquiet, tremblant sur l'avenir incertain de deux époux si tendrement aimés de tous ceux qui les ont connus.

Souvent, bien souvent, les transports joyeux d'une foule apportant jusqu'aux pieds des autels les tumultes de son allégresse, ne peuvent atteindre le cœur du prêtre. Seul il est triste. Il craint, il tremble. De toute son âme il veut donner la bénédiction, mais il lui semble que du Ciel c'est la malédiction qui descend ; et trop souvent encore il voit se réaliser plus tard son triste pressentiment.

Jeunes époux, les fondements de notre joie sont dans vos dispositions saintes. Nous le savons, vous vous éléverez jusqu'aux sublimes fins du mariage, vous saisirez la pensée de Dieu dans son institution, vous en ferez le mobile de votre conduite, et vous serez heureux. Oui, je le dis avec assurance, vous trouverez toute la félicité qu'il est possible de cueillir sur les déserts d'une vie d'épreuve et d'exil !

Mais savez-vous combien elle est grande, profonde, mystérieuse, la pensée de Dieu sur le mariage, combien elle est pleine de bonté, de tendresse; tout ce qu'elle impose d'obligations? Je dois vous le dire en peu de mots. Ecoutez.

Le premier homme vient d'être placé par le Très-Haut au milieu de toutes les splendeurs d'une divine création. De Dieu, comme d'une source intarissable, jaillissent éternellement des flots de lumière, de vérité et d'amour. Ils atteignent pour la première fois les profondeurs de cet être créé à l'image de la divinité dont il porte en lui le reflet. Il surprend, dans les battements de son cœur, un écho des harmonies indicibles de la vie même de Dieu. Et les beautés resplendissantes de toutes les créatures qui s'étalent à ses regards ajoutent à la plénitude de ses sentiments. Puis il voit que tout est créé pour lui. Il se reconnaît le roi de tant de merveilles... L'Eternel put alors le surprendre dans l'extase d'un bonheur qu'il va rendre plus grand encore : il lui donne une compagne. Il met à ses côtés une âme comme la sienne, un cœur capable de comprendre son cœur, et de le porter à entonner avec plus de ferveur et d'amour l'hymne de la reconnaissance.

Et Dieu voit dans cette union les destinées du monde. C'est pour cela qu'il la bénit..... *Et benedixit*..... Deux époux bénis par Dieu, s'ils sont fidèles à cette bénédiction, la transmettront à la famille. La société tout entière y puisera sa fécondité, son progrès, son salut...

C'était la première bénédiction donnée à la terre. Plus tard, quand Jésus-Christ vint régénérer le monde, refaire le plan divin brisé par l'orgueil de l'homme, c'est encore sur une union nouvelle qu'il donne aussi sa première bénédiction publique. Au sortir de sa retraite, il consacre aux noces de Cana, les prémices de son ministère. Puis il confère au mariage la majesté du sacrement et de l'indissolubilité. Dès lors le mariage apparaît tout brillant d'un éclat nouveau. Il est divin dans son caractère. Pour renfermer les conditions qui lui sont essentielles, il doit être modelé sur l'union la plus sainte, la plus céleste, sur l'union même de Jésus-Christ avec son Eglise. Entendez la grande loi du mariage chrétien développé par l'Apôtre : « Que les femmes « soient soumises à leurs maris comme au Seigneur. « Et vous, maris, aimez vos femmes comme Jésus-« Christ a aimé son Eglise et s'est livré lui-même à la « mort pour elle. » S'aimer comme Jésus-Christ a aimé son Eglise... n'avoir d'autre but que celui que s'est proposé Jésus-Christ dans son union avec l'Eglise !..... Quelle divine profondeur ! En outre, quelle ineffable garantie pour deux époux chrétiens se jurant fidélité sous le regard de Dieu. Leur amour, au milieu des épreuves de la vie, sera leur force, leur consolation. Mais afin de resserrer à jamais ce lien contre l'inconstance humaine et les déceptions possibles, le Tout-Puissant y appose lui-même un sceau que Jésus-Christ vient cimenter avec son propre sang. L'engagement est sacré. Il devient inaltérable. On ne peut y être un seul instant infidèle, sans détruire l'harmonie de nos rapports avec le Ciel, sans fouler aux pieds l'Evangile, et par une sacrilège profanation trahir son honneur et sa foi !...

Jeunes époux, le mariage est donc un sacrement et

un grand sacrement, nous dit l'apôtre. Quand, comme vous aujourd'hui, on le reçoit dignement, de lui comme d'une source purifiée par le sang de Dieu même coulera la vie dans la famille, dans la société; mais la vie régénérée, la vie chrétienne, la vie de la grâce, seule capable de porter toute existence humaine, sans bouleversement et sans ruines, jusqu'au port du salut.

Dernier chef-d'œuvre de la Toute-Puissance à cette époque primordiale où chacune des sept créations jaillissant des mains du Créateur, avait un caractère plus merveilleux que les créations précédentes, — divine institution également érigée au nombre des sept merveilles de la nouvelle loi, ennoblie et fécondée par le mystère sanglant du Golgotha, — image et ressemblance de tout ce qu'il y a de plus sacré, — mystérieuse participation au royal sacerdoce de Jésus-Christ devant, par la grâce de la foi transmise aux enfants, commencer ici-bas la société des élus, — de plus, pour les deux cœurs qu'il unit, échange ineffable qui complète la vie en donnant à la faiblesse un appui, aux aspirations ardentes un terme et un repos; et ajoutant ainsi aux dons de l'intelligence, à la force qui lutte, les clartés d'une vertueuse tendresse pour faire cheminer les deux époux plus facilement ensemble vers le ciel... tel est le mariage dans la pensée de Dieu, le mariage chrétien qu'Il bénit, qu'Il aime. — Et j'ajoute qu'en ces temps où une autorité puissante, se croyant obligée de se substituer à l'incurie trop réelle des chefs de famille, peut si facilement inoculer parmi nous le scepticisme et l'indifférence, c'est du mariage ainsi compris, ainsi consacré, qu'on peut espérer seulement les éléments d'une vraie régénération sociale.

Mais en face de cette éblouissante grandeur, quels devoirs! quelle effrayante responsabilité! Le cœur du ministre qui les conçoit peut-il ne pas éprouver des amertumes, quand il ne voit autour de l'autel qu'une foule se repaissant de la frivolité de ses pensées et deux époux dont l'irreligion fait craindre que le sacrement ne soit profané en même temps que reçu !...

Aujourd'hui l'Eglise, le Ciel contemplent un spectacle bien différent. — Tout auprès des époux une nombreuse assemblée attentive et recueillie, et parmi cette chrétienne assistance nos regards peuvent distinguer une couronne de ces jeunes gens d'élite donnant au monde, par l'exercice de leur foi, d'admirables exemples. — Ils viennent, portant tous au fond du cœur pour leur frère aimé une rare estime qui l'honore et nous réjouit.....

Plus près encore, réunies dans une commune et fervente prière, deux familles demandant chacune pour le membre nouveau qu'elle doit introduire dans son sein cet ensemble de qualités qu'appellent, pour ainsi dire, et que méritent les qualités connues de leur propre enfant..... Oui, de leur propre enfant ! Car il est digne de remarque, et il est bien consolant pour tous, que ces qualités mêmes et ces vertus aient attiré sur ceux que nous allons bénir le généreux dévouement d'une nouvelle, d'une seconde paternité... et les effusions de cette vigilante et délicate tendresse qui leur aurait fait oublier à tous deux, si c'était possible, que trop jeunes, hélas ! leur cœur a été privé de l'amour qui nous est le plus nécessaire dans la vie, l'amour d'une mère !.......
Heureux parents, rassurez-vous, j'ai entendu le récit de vos craintes et j'ai béni mon Dieu. La réciprocité de vos saintes appréhensions nous a donné le gage le plus sûr de l'affection qui les unira, du bonheur de tous deux.....

Enfin là, tout aux pieds de l'autel, religieusement préparés et tremblants à la pensée du grand acte qui va s'accomplir, ces deux époux heureux de puiser la constance et la force de leur union dans les mêmes espérances, ne voulant pas que cette union se brise même sur la pierre du tombeau, et prêts à faire à Dieu toutes les promesses, à se soumettre à tous les devoirs qui pourront la rendre éternellement heureuse.

Monsieur et bien-aimé frère, pour nous, nous en sommes convaincu, vous les ferez ces promesses, vous les embrasserez dans toute leur étendue les obligations du mariage. Nous savons avec quelle profusion et dans quelle mesure Dieu a répandu dans votre intelligence les rayons lumineux qui vous découvriront, mieux encore que nous n'avons pu le faire nous-même, les joies sublimes de votre nouvel état. — Pour les entrevoir et les atteindre, sans doute les dons intellectuels ne suffisent point. Aux lumières de l'esprit doivent se joindre les splendeurs de la foi. Mais la foi, vous en avez jusqu'à ce jour généreusement arboré les insignes, vous ne les abandonnerez pas. Vous lui avez été fidèle dans ce qu'elle a de plus vivace et de plus divin, dans la pratique de la charité; non, vous ne déserterez point le poste élevé que vous avez conquis dans ses rangs. Le frein obligé de toute jeunesse ardente deviendra le moteur et la force de votre vie nouvelle. — Enfin, mon frère, il faut de plus à l'époux pour son épouse un dévouement profond, constant, absolu. Eh bien! oui, vous l'aurez..... Aujourd'hui même je puis le voir, et il est bon que vous le sachiez, l'exercice de votre dévouement a amené dans cette enceinte de jeunes enfants qui, malgré les rudes devoirs d'une existence travaillée par la privation et la pauvreté, ont obtenu de venir et sont venus joindre leur naïf témoignage aux convictions de l'amitié.

Leur prière reconnaissante attirera de nouvelles bénédictions sur vous et sur celle qui va vous être unie. Dieu lui-même, mon frère, vous a choisi cette digne compagne. Elle est pour vous d'abord la récompense du passé, puis, ses vertus douces et modestes projetteront les plus aimables joies sur votre avenir. Ses premières années se sont écoulées paisibles et vertueuses sous les regards de celles qui furent appelées à en diriger le cours. Secondées par des dispositions heureuses, elles purent, avec l'intelligence admirable qui les distingue, l'initier, en dehors de toute illusion, aux sérieuses réalités de la vie. Ne respirant ensuite, dans une famille où les vertus sont héréditaires et patriarchales, que l'air pur d'une solitude encore embellie par les sentiments de religion profonde et d'une rare piété, son âme a grandi. — Les mille futilités qui abaissent n'ont pu monter jusqu'à elle. — Elle vous apporte en ce jour, Monsieur, ce qu'il fallait à votre raison, à votre foi, ce qu'il fallait à votre félicité, un cœur insensible au vain éclat du monde, aux séductions de la vanité, un cœur que l'illusion et le rêve ne bercent point dans leur funeste idéal, et qui n'a puisé jusqu'alors ses plus fortes émotions que dans les joies de la vertu !...

Et vous, Mademoiselle, confiez ce trésor de piété, de foi, de religieux amour, que vous voulez avec raison ne perdre jamais, confiez-le sans crainte à celui que Dieu va bientôt vous donner pour époux. Ceux qui l'ont plus particulièrement connu, partant qui l'ont aimé, apprenant que vous serez sa compagne, n'avaient qu'une pensée et laissaient tous échapper de leurs lèvres cette parole dont nous ne nous faisons ici que l'écho : Elle est heureuse !

Avec lui vos devoirs deviendront faciles. Il vous aidera à trouver dans leur pieux accomplissement le secret d'accomplir la mission qui vous est confiée, mission sublime et généralement trop incomprise..... Pendant que le chef de la famille s'exerce avec fracas aux luttes d'une vie laborieuse, lui préparer dans un intérieur toujours serein et souriant les délassements d'une tendresse dévouée, aller au-devant de ses peines et lui alléger le fardeau en le partageant, par une consécration exclusive de tous ces dons précieux et de cette irrésistible puissance départie par le ciel à l'épouse régner sur le cœur de son époux, et par le cœur soutenir, raviver dans son intelligence les religieux élans que les préoccupations de la vie étoufferaient peut-être ; être ainsi comme épouse, plus tard comme mère, la gardienne, s'il le faut, l'inspiratrice des nobles pensées, et par là donner au monde ce dont il manque le plus, des hommes de principes et de conviction, qui pourront peut-être opposer une barrière à l'humanité se ruant à l'erreur... Oh ! la mission digne d'envie ! et le moyen d'être à sa hauteur, vous le trouverez dans ce simple conseil qui est d'ailleurs le résumé de toutes vos obligations : « vous dévouer entièrement et sans réserve au bonheur de votre époux, » vous rappelant que le bonheur dont Dieu n'est pas le principe et la fin, n'est qu'un bonheur illusoire ; que vous devez introduire Dieu au foyer de la famille, afin d'être aussi un jour introduit dans son sein, où vous et votre époux pourrez goûter seulement la félicité souveraine.

Jeunes époux, le moment est venu, le Ciel est attentif aux serments que vous allez échanger, les anges en seront les témoins. Le sang de Jésus-Christ va couler sur l'autel. Oh! parents, amis, prions tous, prions avec ferveur! Et vous, élevez bien haut vos cœurs, qu'ils soient tout à Dieu dans cet instant décisif. Qu'Il les trouve dignes de déverser en eux cette surabondance de bénédictions qui vous suivront partout sur la terre, dans le ciel. Ainsi soit-il.

Le 26 septembre 1865.

St-Etienne, imp. Montagny.

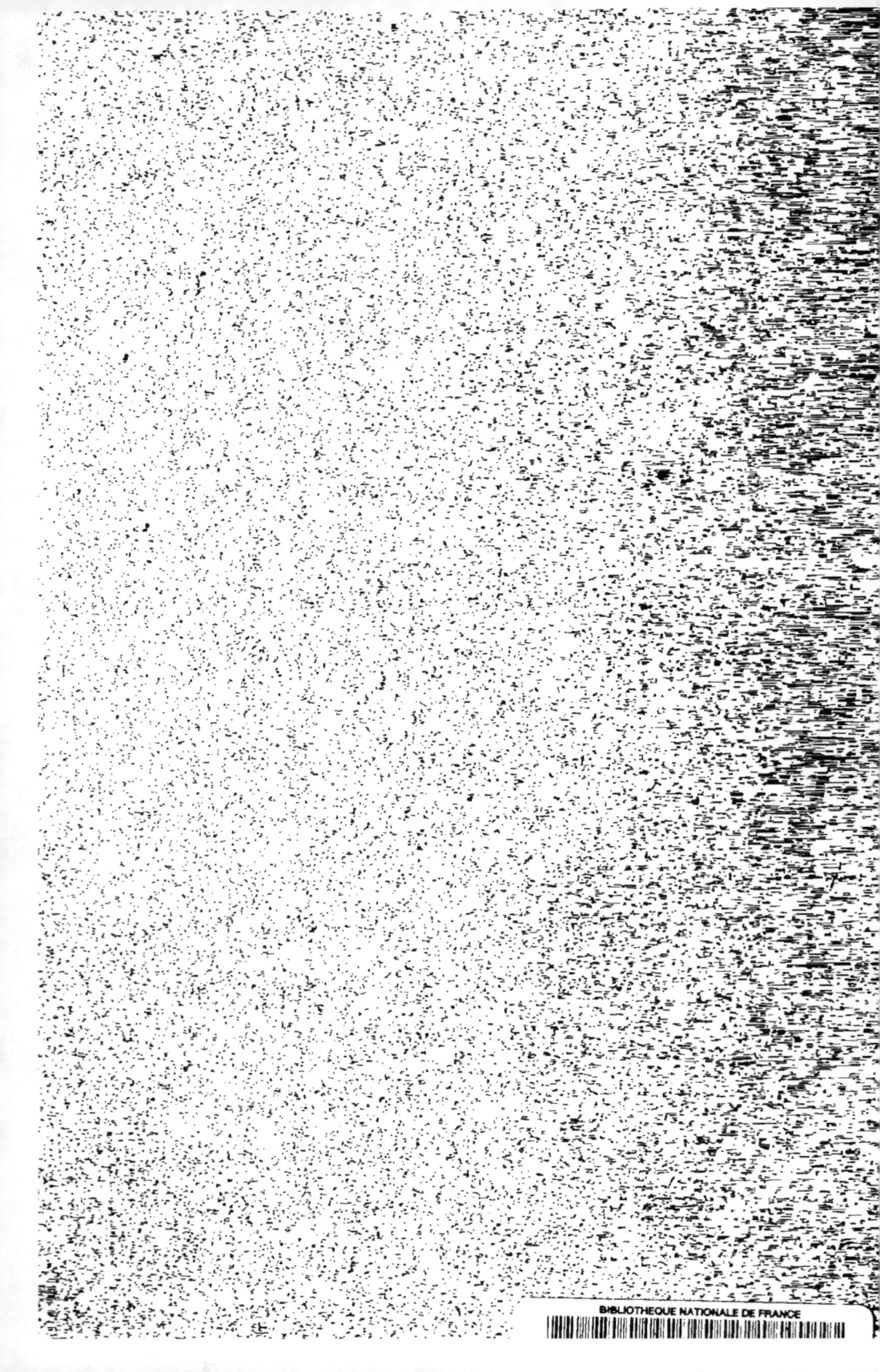